고사리손
동시학교

글·그림 **김정희**

제주에서 태어나 제주에서 시와 동시를 쓰고 있습니다. 2008년 《아동문예》 동시문학상을, 2014년 《시인정신》 시문학상을 받았습니다. 지은 책으로 그림책 《애기해녀학교》, 동시집 《오줌폭탄》, 시낭송 시집 《물고기 비늘을 세다》, 제주어 동시집 《할망네 우영팟듸 자파리》 (2017 세종도서 문학나눔 선정도서), 제주어 동시 그림책 《청청 거러지라 둠비둠비 거러지라》(제3회 한국지역출판연대 천인독자상 공로상)가 있습니다. 문학놀이아트센터 대표이자 제주문인협회, 제주아동문학협회, 한국동시문학회, 한라산문학동인, 제주어보전회 회원입니다. 현재 고향인 함덕에서 동시 전문서점 '오줌폭탄'을 운영하고 있습니다.

hopekjh1022@naver.com

표제 캘리그라피 김효은

고사리손 동시학교

글·그림 김정희

한그루

차례

봄
지킴이 반

꽃눈 12

봄동이 14

지킴이 돌하르방 16

함덕 봄 17

일학년 학준이 18

말 배우는 민들레 19

개나리 20

꽃샘추위 21

꽃잎 만지기 22

민들레 꽃씨 24

달팽이와 강아지 반

장날 28

야, ... 29

형인 줄 아나 봐 30

강아지풀 32

귤 먹는 강아지 33

강아지 할아버지 34

달팽아, 위를 봐 35

비 오는 날 달팽이 36

나는 나야 38

엄마가 짜는 바다 반

아빠니까 42

작업복 44

줄넘기 45

엄마가 짜는 바다 46

눈치 없는 방귀 48

이중섭의 고기 잡는 아이 49

자연 유치원 50

눈이 왔어요 52

봉숭아 54

한 살 더 누나 55

오월 초록 반

오월의 초록 ·········· 58

심심해 ·········· 60

파란 슬리퍼 ·········· 61

강도패션 ·········· 62

테왁 ·········· 63

꼭꼭 숨어 ·········· 64

할망 장터 ·········· 66

할머니 쉬는 날 ·········· 68

병아리 ·········· 69

신발 화분 ·········· 70

바람과 햇살 반

다람쥐 ·········· 74

호박과 돌담 ·········· 76

작은 연못 ·········· 78

도토리 ·········· 79

메뚜기 잡는 아이 ·········· 80

항아리 ·········· 81

비를 몰고 온 제비 ·········· 82

동시 놀이 반

비밀번호 ————————— 86
방석탈 ————————————— 87
새들의 이사 ————————— 88
쇠비름 ————————————— 89
공룡이 나타났다 ————— 90
책벌레 ————————————— 92
푸딩 의자 ————————— 93

동시 이야기 반

동시로 올레 ————————— 96
이야기 간판 ————————— 98
풍선 ————————————— 99
팽나무와 고래 ————— 100
우주에 비가 스치는 날 — 102
우리 동네 찾아와 ——— 104
할머니 집 제비 집 ——— 107
단비 ——————————— 108
고사리손 동시학교 ——— 110

"어른이 되면 멋지게 살 거야."라고 생각하지 않았어요.

"신나게 살 거야."라는 생각을 했지요.

무엇을 하든지요.

큰 꿈을 꾼 적은 없어요.

그림을 그리라고 하면 행복하고 좋았어요.

아이들과 놀고 있으면 시간이 빨리 지나가는 거예요.

더 신나는 일이 없을까 찾아보곤 했지요.

그럴 때 나는 세상에서 가장 큰일을 하는 사람인 것 같은

생각이 들었어요.

내가 행복해서 다른 사람도 행복했으면 했어요.

주머니가 조금 비어 있어도 화나지 않고,

조금 남은 주머니도 비울 수 있게 되었어요.

이 아름다운 세상에 살고 있으니 얼마나 감사해요.

따뜻한 마음으로 동시를 쓰고 싶었답니다.

아이들과 '고사리손 동시학교'에서 동시를 쓰며 놀 수 있

어서 정말 행복해요.

시간이 허락되면 오래오래 아이들과 아이처럼 생각하며
지내고 싶어요.
화가 나도 돌아서면 금방 손을 내미는 아이처럼요.
어리다고 생각을 못 하는 건 아니에요.
난 어른이어도 어른 말고 아이처럼 살 거예요.
'고사리손 동시학교'에 사는 동시들은 모두 여러분의 마
음일지도 몰라요.
내 어릴 적 마음들이 들어 있거든요.
선생님네 동네 책방 '오줌폭탄'에 놀러와 어린이들이 직
접 그린 '동시로 올레' 벽화 그림을 표지에 실었어요
감사한 마음 전합니다.
좋은 글 써주신 이정록 시인님, 고맙습니다.

'오줌폭탄'에서 **김 정 희**

봄 자컴이 반

꽃눈

몸이 근질근질한 아이들
꽃눈을 뭉쳐
던지고
달아난다.

맞는 아이
던지는 아이
신났다.

꽃눈 날린다.
펄펄 내리는 꽃눈
아이들 마음에
나비처럼
꽃이 훨훨 날아다닌다.

봄동이

교통사고로 다리를 다친
봄동이는
고추장 집 강아지
고추가 매운지 잘 운다.

봄동이는
봄에 태어나 지은 이름
아파도 아프다고도 안 하고

헤어질 때는
졸졸 따라온다.
컹컹
소리 내서 운다.

다음 봄엔
봄동이
꽃동산에서 뛰어 놀 수 있을까.

지킴이 돌하르방

활짝 핀 벚꽃 아래
떨어지는 꽃잎 맞으며
학교를 지키는 돌하르방

꽃잎 날리는 날엔
싱숭생숭
뭔 일 날지 모른다고

CCTV보다
더 노려본다.

함덕 봄

서우봉이 보이는
함덕 봄 바다

파도가 밀려오는
모래해변이 펼쳐 놓은
봄 바다

유채향 노랗게
봄바람 밀고 오는 이야기
창문 열고 듣는다.

성창에 배들
흔들흔들
바다로 나갈 꿈을 꾼다.

일학년 학준이

벗꽃 아래서
일학년 학준이
이가 빠졌다고 들어 보인다.
하얀 이
작은 손가락에 잡힌 젖니
벗꽃 날릴 때
하
  얀
    이
      지
       붕
        위로
         날아간다.

말 배우는 민들레

봄볕 아래
아기 볼처럼 여린 꽃 살
노랗게 말 배우는
학교 뜰 한쪽에
아장아장
할머니 따라 걸어 나온 아기

개나리

노란 한나절
담벼락 아래
늘어지게 하품하는 봄

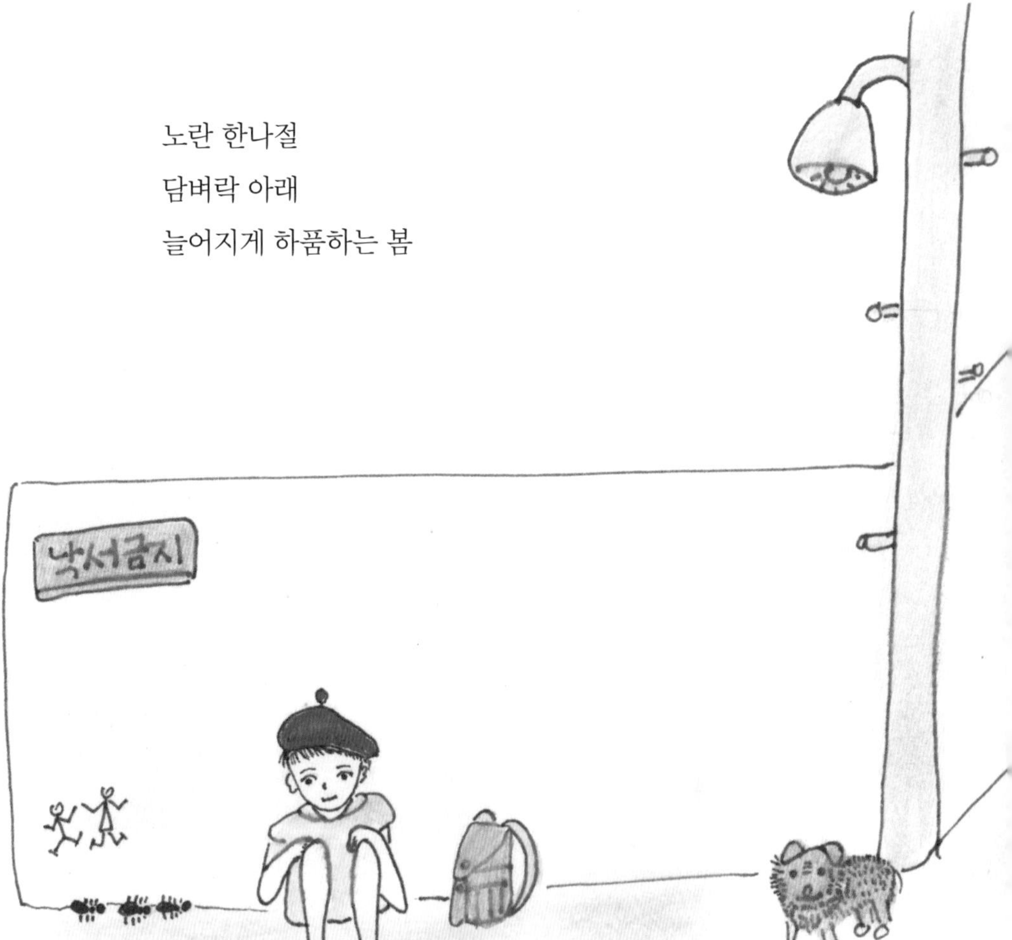

꽃샘추위

연못가에 개구리
햇살이 더워지길
기다리는 동안

어린것들
영~차
힘주며 얼굴 붉어져요.

꽃잎 만지기

점심시간 운동장에 나오면
바람이 부드럽게 손을 잡아 주지요.
꽃잎을 만지면
친구 머리카락처럼 부드러워요.
아이들
서로 잡으러 뛰어가고
안 잡히려고 뛰어다녀요.
햇살 뜨거운 한나절
시소는 뜨거워져 엉덩이가 들썩
하늘 위로 웃음이 튕겨나가

잔디밭을 구르지요.
데굴데굴 구르다
솜털 주머니에 씨를 품고
해를 보고 있는 봄을 만나지요.

민들레 꽃씨

민들레 꽃씨가 떠날 준비를 해요.
바람을 기다리는 동안
친하게 지내던 햇살과도 미리 인사 나누고
화단 한 귀퉁이 자리를 내준
잔디에게도
고맙다 인사해요.

노란 꽃잎 다 시들고 보기 흉한데도
가까이 와서 손을 잡아주는
친구들 고맙다.
이곳을 떠나서도 잊지 않을 거야.
다시 이곳에서 만나기는 힘들지도 몰라.
잘 있다 간다.

곧 바람이 오면 나를 싣고 갈 거야.
그곳에 자리 잡으면
바람이 내 얘기 전해줄 거야.

장날

밖에 나오니까 춥다.
엄마는 어디 갔을까.
우린 언제 집으로 갈까.
할머니는 언제 집으로 데려다 주실까.

동생은 형 품으로 파고들고

오늘 좀 춥지.
나한테 기대.

형은 동생 다독인다.

야,

내 이름 불러줘.
야, 라고 부르지 말고.

내 이름 있어.
내 이름 불러줘.

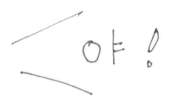

형인 줄 아나 봐

우리 집에 온 강아지
내 밥 먹으려고 덤비고
내 과자도 탐내
내 그릇을 핥아 먹어

싫어
지 멋대로야
그래도
모두 예쁘다고
쓰담쓰담

난 혼자야

녀석은 엉덩이를
쌜룩쌜룩거리며
놀다가
내 옆에 와서 자

내가 형인 줄 아나 봐

강아지풀

이른 아침
살랑살랑
꼬랑지 흔들며

바람이 전해준 말

"한라산 너머에 봄눈이 왔대."

눈길에 놀고 싶어
강아지 꼬랑지
살랑살랑

귤 먹는 강아지

과수원집 개
간식으로
귤을 먹는다.

강아지 할아버지

우리 집 하늘이 15살
낮에는 컹컹
힘을 불끈 내다가도
밤이면
끄르릉 끄르릉
할아버지처럼 앓는 소리 낸다.
우리 집에 할아버지 두 분

달팽아, 위를 봐

달팽아,
나비가 머리 위로 날고 있어
웃으며 인사하잖아.

갈 길이 멀다고
고개 돌려 옆도 안 보고
하늘 한번 올려 보지 않고
불러도 돌아보지 않으면

달팽아, 친구도 없이
혼자가 되는 거야.

비 오는 날 달팽이

비가 오면 나들이 가기 좋구나.
남들은 질척거린다고
집에 있는 게 좋다고 하는데
촉촉한 길을 걷는 게 좋구나.

내 발에 튕겨 나가는 빗방울이
소리를 내며 길을 내는 것도
길 위에 지나간 자국 남기지 않고
깨끗해지는 것도
비가 오는 날에만 할 수 있지.

36

집을 지고 가다 비가 커지면
그냥 쏘옥 들어가 쉬면 되지.

나는 나야

달팽이는 자기 집 말고
또 다른 집으로 이사를 와서 살아요.
더 큰 집이지만 기쁘지 않아요.
작고 몸이 쏘옥 들어가는
자기 집이 좋은데
맘대로 안 돼요.

아이들 장난감이 되어
하루에도 몇 번이나 불려 나와
잘 있다고 머리를 내밀고
인사해 주어야 해요.
주는 물도 잘 먹어줘야 하고
배춧잎도 맛있게 사각거리며 먹어 줘야 해요.

오늘도 갑갑해서
잠시 집을 나서다가
아이들 손에 잡혔어요.
친구들은 그냥 있으라고 하지만
이곳에 있기 싫어요.
떠날 거예요.

엄마가 쓰는
바다반

아빠니까

저녁 시간 거실에 앉아 있던 아이
귀를 세우고 일어선다.

엄마, 아빠야.
어떻게 아빠인 줄 알아.

아빠야.
이제 아빠가 계단으로 오고 있어.
아빠 발소리야.
이제 현관문 앞이야.

벨 울릴 거야.

딩동~

거 봐.
난 알아.
아빠니까
옛날부터 알았어.

작업복

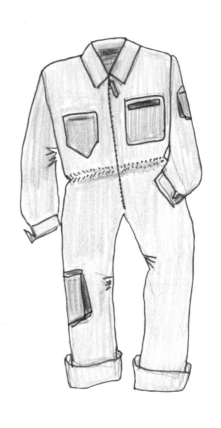

아빠를 일터로 데려가는
작업복이 미워서
발로 툭 차기도 하고
숨겨 놓기도 해.

일 갔다 온 작업복
땀 냄새 꿀렁꿀렁
얼룩이 얼룩덜룩
한숨 쉬며 구겨져 앉으면

엄마는
킁킁
구린내 맡아보고
툭툭 털고
깨끗하게 빨아
현관 앞에 가볍게 내놓는다.

44

줄넘기

바다가 잡아주는
밀물과 줄넘기하는 아이

파도가 밀어주는 줄넘기

큰 너울에 팔짝
작은 너울에 폴짝

아빠랑 손 잡고 뛰면
더 신나는 파도 줄넘기

엄마가 짜는 바다

제주 월정리 바다
바람개비 쉬는 시간

옥빛 바다에
파도는 하얀 거품 끓어놓고
오르락 내리락

엄마는
밀물 썰물 어울리며
겨울바다 짜고 있다.

눈치 없는 방귀

물어보지도 않고 나오는 방귀
친구가 방귀쟁이라고 놀리면
방귀가 밉다.

그럴 거면
방귀도 입에서 나오면 좋겠다.

몰래 창밖으로
하품하면 쉬운데

이중섭의 고기 잡는 아이

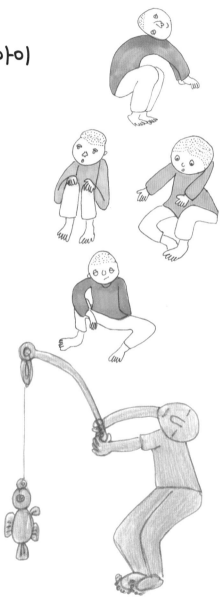

바다에 가면
배고프지 않아요.

바다에 낚시를 드리우면
고기가 올라와요.

바다가 좋아요
그냥 놀기만 하면 돼요.

떨어져 살면
보고 싶을 거예요.

작은 방에
같이 살던 때가 좋았어요.

자연 유치원

나무뿌리 하나 잡고
오르기

쉽지 않아

주르륵

오름길에 삐져나온
나무 잔뿌리 잡고

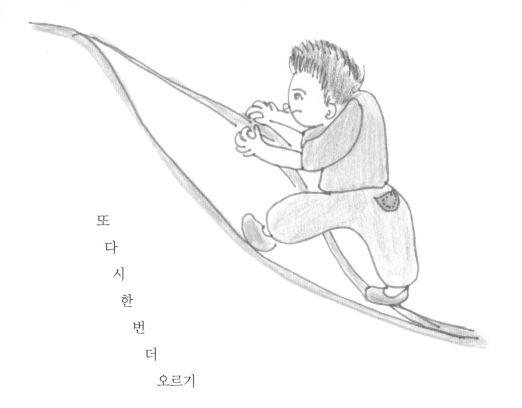

또
  다
    시
      한
        번
          더
            오르기

자, 그만하고 갈까.

더 올라가 볼래요.

눈이 왔어요

춥지 않아요.
하얀 눈이 밤새 왔어요.
하늘에서 우리 집까지
얼마나 힘들었을까요.

화내지 않고
우리 잠 깨우지도 않고
정말 착한 눈이에요.

내가 눈 위를 걸어도 될까요?
미안해서 눈을 밟을 수가 없어요.
눈사람 만들어서 같이 놀아줄까 봐요.

봉숭아

마당 한쪽 구석
봉숭아 따다가
손톱에 물들이고

해마다 언니 따라
붉어진 봉숭아 꽃잎

손톱마다 언니 생각

한 살 더 누나

통 미끄럼틀 위에서
발이 옮겨지지 않아
떨고 있는 아이

"내리막길 무서워?"

"어두워서 못 내려가니?"

"나중에 갈 수 있어."

"누나 먼저 가 볼까?"

"내려와 볼래?"

오월의 초록

오월이 좀 봐요.
둘러보세요.
온통 초록물이 들고 있어요.

엄마를 졸졸 따라다니는
난 초록풀이 좋아요.
난 좀 컸거든요.

저기 보세요.
내 동생
엄마 곁에 꼭 붙어 다녀요.
아직은 연두만 골라 먹어요.

음~
풀냄새
달리고 싶어요.

심심해

심심할 때
멍 때려요.

아빠가 안 놀아주면
심심해요.

오빠가 안 놀아 주면
심심해요.

엄마가 말하지 말라고 하면
심심해요.

그럴 때 방에서 뒹굴뒹굴거려요.
그러다가 그냥 잠을 자요.

파란 슬리퍼

파란 슬리퍼
어디든
할머니 따라가요.

부엌에 갈 때도
바다에 갈 때도
동네 마실 갈 때도

할머니 발에 꼭 맞아
잘망잘망

어디든 따라가는
못 말리는 파란 슬리퍼

강도패션

한 사람 두 사람
골목에서 나온다.

운동복에 마스크, 선글라스
얼굴을 가리고

우리 동네 아줌마들
운동하러 가는 시간

무기는 안 들었지만
강도야~~~

테왁

둥둥둥
바다에 북이 울린다.

바다에 드는 날
우리 동네 해녀삼춘
다 나왔다.

바다에 던져진 테왁
이어도로 가는 길목마다
둥 둥 둥 둥 둥

꼭꼭 숨어

아빠랑 낚시 간 날
아빠는 싱글벙글

줄지어 인사하며
올라오는 물고기

고기들아,
왜 오늘따라 이 동네에서만 노니?

아빠 몰래 어린 고기를
바다에 놔 주었다.

아빠는 계속계속
바다에 낚시를 던진다.

고기야,
멀리 달아나.
집에 꼭꼭 숨어 있어.

할망 장터

오일장 할망 장터
야채 파는 자리
구부정하게 앉은 할머니

다듬어 놓은 쪽파
울타리에서 키운 호박
가지고 나와 판다.

작은 양파 몇 개
텃밭에서 키운 시금치 한 단
콩 한 바가지 놓고 판다.

야채를 털고 다듬어
야무지게 늘어놓고 판다.

오일장에 가면
할머니 웃음을 판다.
할머니 나이도 싸게 판다.

할머니 쉬는 날

기둥에 할머니 테왁 걸려 있다.

진짜 아파도
바다에만 가면

다 낫는다며
고집하던 할머니가

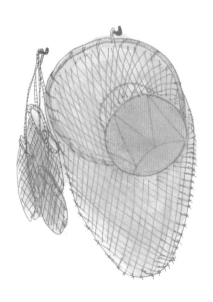

날도 좋은데
바람도 안 부는데

바다에 결석 한 번 안 하더니
오늘은 누워서 버틴다.

병아리

학교 앞에서 파는 병아리
팔릴까 봐
이리저리
삐약삐약
숨는다.

아이들이 만질 때마다
작은 발로 종종종 뛰어가
친구들에게 가서 숨는다.

병아리를 구경하는데
큰 아이가
내 가방을
발로 차고
욕을 한다.

난 병아리처럼 힘이 없다.

신발 화분

어떤 꽃을 심을까.

할아버지 털신에
쑥부쟁이
할머니 고무신에
제비꽃
아빠 구두에
제주야생꽃
엄마 뾰족구두에
패랭이꽃
오빠 운동화에
수선화
작아진 내 장화에
메꽃을

내 마음 담아
내가 좋아하는 꽃 심어야지.

비밀글
햇살 반

다람쥐

가을 길로 쪼르르
다람쥐 달려간다.

어디에 숨길까.

내년에 찾을 거야.

작년에 숨긴
도토리 찾으러
다람쥐 숲을 돌아다닌다.

사람들이 가을을 찾으러 왔다가
도토리 주워갔네.

74

어디에 숨긴지 몰라

그 자리에
도토리 나무
싹이 올라왔어요.

호박과 돌담

돌담 위로 줄을 뻗어 가던 호박 줄에서
호박꽃이 피었습니다.
얼마 지나지 않아 아기 호박이 톡 튀어나와 자라더니
쑥쑥 자라기 시작했습니다.
어른 호박이 되었습니다.
돌담 위에서 자란 호박이 이젠 너무 커져서
돌담 밑으로 내려왔습니다.

돌담이 무겁다고 어깨를 내려놓을 때
햇살도 무겁다고 자리 비운 사이
보다 못한 호박 주인
호박을 받쳐주었습니다.
돌담도 편안해졌습니다.
호박도 덜 미안하겠습니다.

작은 연못

물풀 자라는 작은 연못

올챙이가 꼬리 흔들며
여럿이 싱글싱글

다슬기는 새끼를 낳아
다닥다닥 자리를 채운다.

하늘도 구름도
작은 연못 찾아와
연둣빛 물이 출렁

쉿, 이 녀석들

도토리

갑갑해서 모자 벗었니?
아니야.
가을과 인사하고 있어.

춥겠구나.
아니야.
도토리 잎 침대가
겹겹이 덮어주니까
괜찮아.

도토리 머리 맞대고
겨울 준비 하고 있어.

모자 벗어놓고 도토리 긴장하네.

메뚜기 잡는 아이

신발을 벗어 던지고
팔짝팔짝 운동장을 뛴다.

메뚜기가 되었네.
메뚜기처럼 높이 뛴다.

메뚜기가 모르고 가까이 오면
큰일이다.

항아리

기우뚱 기울어도
자기 일 해내고 있어.

물이 쏟아질 것 같더니
초록개구리풀 자라고

개구리 한 마리
튀어오를 것 같아

둥근 항아리
불뚝
정도 많네.

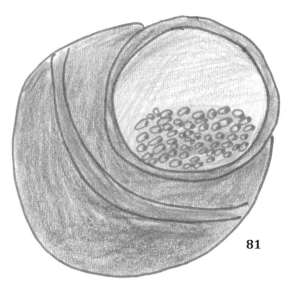

81

비를 몰고 온 제비

바람 분다.

제비 날아와
난다.

몇 바퀴째
낮게 난다.

바람 많다.
바람처럼 나는 제비

"비가 오려나 보다."
할머니는 제비만 보고
비가 올 줄 다 안다.

비밀번호

우리 집 비밀번호 자물쇠라서
모기는 못 들어오지롱.

앗 따가워
간질간질

어떻게 들어왔지?
비밀번호 바꿔야겠어.

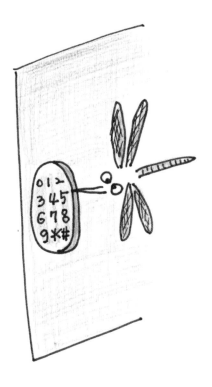

방석탈

아이들
가시자왈 속으로
성큼성큼 들어가 보면

와~
탈이다~
곶자왈에서
공짜로 얻은 방석탈

손에 손 한가득
탈을 타고 으쓱
한 입에 한 알씩
달콤해진 아이들
얼굴에 웃음 가득

새들의 이사

새들의 이사는
참 편하다.

이사 갈 때도
짐이 없다.

날이 추워지기 전에
서로 도와 가며
따뜻한 곳으로 날아간다.

아기새 키우려고
지은 둥지
팔지도 않고
그냥 두고 간다.

빈 손으로
날아간다.

쇠비름

뜨거운 햇살 아래서
미움 받으며 내버려지던 풀이었지.

질기고 질겨 누구의
사랑 한번 받아 보지 못하던
천덕꾸러기

꽃이 피었다.
꽃도 피우지 못하는 풀인 줄 알았는데
노랗고 사랑스런 꽃이 피었다.

굽어야만 보이는
아주 작은 꽃

공룡이 나타났다

바람 부는 날
가로수
바람소리 내며 흔들흔들
커다란 발을 들어 올리고
꼬리를 휘두르며 마구 울어댄다.

'공룡이 나타났다.'

바람과 싸운다.
배를 슬슬 어루만지며
쿵쿵 먹을 것을 찾는다.
희번덕희번덕 돌아본다 .

'공룡이 나타났다.'

햇살도 잡아먹고
바람도 잡아먹고
비도 잡아먹고
봄에는 아주 작더니
여름을 지나
아주 거대한 공룡으로 자랐다.

초식공룡이라서 다행이야.

책벌레

아-함
책만 보면 졸려.

글자들이 꼬물꼬물
벌레가 되어 기어가네.

눈꺼풀 무겁게 내려
스르르 스르르

책벌레
툭툭 떨어지면

내 고개도
툭

책벌레 나비가 되어
꿈속으로 날아가네.

푸딩 의자

햇살이 뒷마당에
와르르 몰려들었나.

쉼터 의자가
푸딩푸딩
부드럽게 흔들려

앉으면 푸딩 속으로
꿀꺼덕하겠다.

동시로 올레

우리 동네
동시 책방이 생기고

동네 벽마다
아이들이 동시 그림을 그렸어.

아이들이
우리 동네에 없는 공항도 그리고
학교도 한라산도 가져와서 그렸어.

지금은 없어진 할아버지 담뱃집도
방앗간도 다시 일으켜 세웠어.

버스가 다니지 않는 길에
동네 버스도 그려넣고
파란색 길을 만들었어.

꼭 있어서 좋은 건
우리 동네 이야기 모두 알고 있는
팽나무가 크게 서 있는 거야.

이야기 간판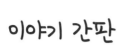

우리 동네 시장에는
가게마다 이야기 간판이 걸려 있어요.

자전거만 타고 다니는
건어물집에는
자전거 간판

경비행기 타고 하늘을 날던
떡집 이모네 가게에는
비행기 간판

말 많이 건네는 분식집 아줌마
덤도 푸짐하게 주지요.
사람 냄새가 난대요.
친절가게 간판이 붙었어요.

풍선

둥둥둥 풍선을 타고
날아보고 싶어요.

하늘이 바다처럼 출렁거리고
작은 풍선이 방울방울거리며
깔깔거리는 걸 생각만 하면
몸이 둥둥 떠오르지요.

풍선을 배처럼 타고
떠다니고 싶어요.

팽나무와 고래

비가 보슬보슬 오는 밤
가로등이 팽나무를 지켜봐주고 있었죠.

고래 한 마리
물결 헤치며 팽나무 위로
헤엄쳐 왔죠.

비는 고래 등을 적시며
'잘 왔다'
할머니 손길로 쓸어주었죠.

바다 이야기 전해준 고래와
노란 리본을 단 팽나무

우리 동네 전설처럼
오래오래
아이들에게 전해지겠죠.

우주에 비가 스치는 날

유치원 뜰 앞에
아이들이 놀다가 돌아간
작은 세상이
그대로 비를 맞고 있네.

작은 우주는
비 오는 날 요란스럽다
비 한 방울
받을 때마다
첨벙대며 놀란다.

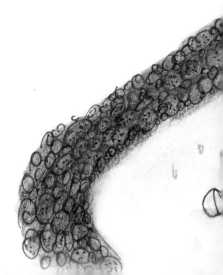

출렁이는 우주 안에서
작게 숨 쉬는 것들이
이리저리 숨느라
거인이 내려다보는 것도 모른다.

우리 동네 찾아와

너희 집은 어디니?
함덕리 비석거리에서 알 동네
물동산 옆

물동산은 어디 있니?
폭낭이 있었지.
지금은
베어지고 없네.

그럼 물동산은 어떻게 찾지?

비석거리에서 알동네로 와서
옛날 담배 가게 할아버지 집 앞이야.

연못이 있었지.
긴 꼬리로 날파리를 쫓던

104

우리 집 소
날마다 물을 먹으러 갔었지.

지금은
시멘트 길로 메워지고 없네.

물동산에 서서 보면 삼거리에
방앗간이 있었지.
선착장 배들이 바다로 가고
아이들은 온종일
바다와 손을 잡고 놀았지.

지금
방앗간은 헐리고
선착장에 닻을 내린 배는
노랗게 햇살을 받고 있지.

할머니 집 제비 집

제비가 더운 여름 지내려고
처마에 집을 짓고
새끼를 돌보고 있어.

평수도 적당하고
건축가 아빠가
몸에 좋은 흙집을 지었어.

아기를 키울 집이라고
튼튼하게 지었어.

새끼 제비 날아갈 만큼 커지면
집도 비좁을 테지만
곧 떠날 준비를 해야 할 테니
괜찮겠지.

단비

하늘의 강이
한꺼번에 쏟아지면 물난리가 날 거야.

괜찮아, 조금씩
하느님 머리카락 타고 내려오면 돼.

솔솔 가랑비로 와도 좋고
졸졸 잔비로 와도 좋아
주룩주룩 약비로 오면 더 좋지.

가뭄이 들어 땅이 마르는데
무엇으로 와도 좋겠어.

고사리손 동시학교

고사리 비 그치고
학교에 온 아이들
장난기가 올라오네.

주먹 쥐고 숨어
누가 오나 안 오나

아무도 없다고 지나치면
뒤쪽에서
와~
돌아보면
어~
조금 전까지 안 보이던 녀석
언제부터 있었지?

미쭉미쭉
삐죽삐죽
멜록멜록
불쑥불쑥

여기저기
옹기종기

저요~
저요~

허리 구부려 몸 낮추면
보이는데

앞만 보고 가면 안 보이는
조막만 한 고사리손

고사리손 동시학교

2019년 11월 20일 초판 1쇄 발행

글·그림 김정희
펴낸이 김영훈
편집 김지희
디자인 나무늘보, 부건영
펴낸곳 한그루
　　　　출판등록 제6510000251002008000003호
　　　　제주특별자치도 제주시 복지로1길 21
　　　　전화 064 723 7580　전송 064 753 7580
　　　　전자우편 onetreebook@daum.net　누리방 onetreebook.com

ISBN 978-89-94474-98-4　73810

이 책은 문화체육관광부, 제주특별자치도, 제주문화예술재단의 기금을 받아 발간되었습니다.
이 도서의 국립중앙도서관 출판예정도서목록(CIP)은 서지정보유통지원시스템 홈페이지(http://seoji.nl.go.kr)와
국가자료공동목록시스템(http://www.nl.go.kr/kolisnet)에서 이용하실 수 있습니다. (CIP제어번호: CIP2019045791)

값 12,000원

품명: 도서 **제조자명**: 한그루 **제조국명**: 대한민국
전화번호: (064)723-7580 **사용연령**: 6세 이상
주소: 제주특별자치도 제주시 복지로1길 21
※KC마크는 이 제품이 공통안전기준에 적합하였음을 의미합니다.
※주의! 책의 모서리가 날카로워 다칠 수 있으니 던지거나 떨어뜨려 다치지 않도록 주의하세요.